MUJERES EN REAL ESTATE

Real Estate

MI RUTA A LA LIBERTAD FINANCIERA

EVELYN JIMÉNEZ QUIÑONES

ISBN: 979-8-234-03600-1
Hecho en Puerto Rico

DESCARGO DE RESPONSABILIDAD

Este libro se ofrece exclusivamente con fines educativos, informativos y motivacionales. La autora comparte experiencias personales, conocimientos, perspectivas y opiniones adquiridas a lo largo de su trayectoria profesional; sin embargo, el contenido de esta obra no constituye asesoría legal, financiera, contable, fiscal, de inversión ni asesoría profesional de ningún tipo.

Aunque se han realizado esfuerzos razonables para asegurar que la información contenida en este libro sea precisa y actualizada al momento de su publicación, la autora no ofrece garantías ni representaciones, expresas o implícitas, respecto a la exactitud, integridad, vigencia o aplicabilidad de la información presentada. El contenido puede quedar desactualizado con el tiempo debido a cambios en leyes, regulaciones, mercados o circunstancias económicas.

Las decisiones relacionadas con negocios, inversiones, bienes raíces u otras actividades financieras conllevan riesgos inherentes. Los ejemplos, historias o resultados mencionados en este libro se presentan únicamente con fines ilustrativos y educativos. Dichos ejemplos no constituyen promesas, garantías ni representaciones de resultados futuros. Los resultados individuales pueden variar significativamente dependiendo de múltiples factores, incluyendo circunstancias personales, condiciones del mercado, experiencia, recursos disponibles y decisiones individuales.
El lector reconoce que cualquier acción o decisión tomada basada en la información contenida en este libro se realiza bajo su propio criterio y responsabilidad. En consecuencia, la autora, así como cualquier editor, colaborador, distribuidor o persona asociada con la producción o publicación de esta obra, no será responsable por pérdidas, daños, reclamaciones o perjuicios de cualquier naturaleza que pudieran surgir directa o indirectamente del uso, interpretación o aplicación de la información presentada.

Nada en este libro debe interpretarse como una recomendación específica de inversión, estrategia comercial o transacción inmobiliaria. Antes de tomar decisiones legales, financieras o comerciales, se recomienda que el lector consulte con profesionales debidamente licenciados en las jurisdicciones correspondientes.

AVISO SOBRE NOMBRES, PERSONAS Y EJEMPLOS

Algunos nombres, personajes, clientes, colegas, empresas o situaciones mencionados en este libro pueden haber sido modificados, abreviados o utilizados con fines ilustrativos con el propósito de proteger la privacidad de las personas involucradas o facilitar la comprensión de los conceptos presentados.

Las historias, ejemplos o estudios de caso incluidos en esta obra tienen un propósito exclusivamente educativo y narrativo. En ciertos casos, las situaciones descritas pueden representar una combinación de experiencias reales adaptadas para fines explicativos.

Cualquier similitud con personas reales, vivas o fallecidas, o con empresas u organizaciones existentes es coincidental o utilizada únicamente como referencia general dentro de un contexto educativo o narrativo. La inclusión de nombres o referencias a terceros no implica afiliación, respaldo, asociación comercial ni aprobación del contenido de esta obra por parte de dichas personas o entidades.

Las opiniones expresadas en este libro pertenecen exclusivamente a la autora y no pretenden difamar, perjudicar la reputación, invadir la privacidad ni emitir afirmaciones de hecho sobre la conducta, carácter o desempeño de ninguna persona o entidad.

Las experiencias narradas reflejan el camino personal de la autora en el mundo del emprendimiento y los bienes raíces. Cada situación es distinta y los resultados pueden variar según las circunstancias individuales de cada persona.

AVISO SOBRE INGRESOS Y RESULTADOS FINANCIEROS

Cualquier referencia a ingresos, ganancias, éxito financiero, crecimiento empresarial o resultados económicos mencionados en este libro tiene únicamente fines ilustrativos y educativos. No existe garantía alguna de que el lector obtendrá resultados similares.

Los resultados financieros dependen de múltiples factores, incluyendo, pero no limitándose a, la experiencia individual, habilidades, disciplina, recursos disponibles, condiciones del mercado, decisiones personales y circunstancias externas que se encuentran fuera del control de la autora.

Por lo tanto, la autora no realiza promesas, representaciones ni garantías de ningún tipo respecto a ingresos, ganancias o éxito financiero derivados de la aplicación de las ideas, estrategias o conceptos presentados en este libro.

Cada lector es responsable de sus propias decisiones, acciones y resultados.
La lectura, adquisición o utilización de este libro implica la aceptación de estos términos y condiciones de responsabilidad por parte del lector.

Agradecimientos

Primero, gracias a Dios, quien me ha sostenido hasta aquí, guiando cada paso, abriendo caminos y mostrándome que la fe, la disciplina y la perseverancia siempre dan frutos. Sin Su guía, nada de esto sería posible.

A mi hijo, mi motor y mi mayor inspiración, quien me impulsa cada día a luchar y me ha enseñado a equilibrar mis sueños con amor y presencia.

A mi hermana Zory, por creer en mí incluso cuando yo dudaba, por impulsarme a explorar nuevos horizontes y por demostrarme que el apoyo familiar tiene el poder de transformar vidas.

A todas las mujeres que he tenido el privilegio de conocer en este camino —colegas y amigas—, quienes me enseñaron que la fuerza compartida es más poderosa que cualquier reto individual. Gracias por inspirarme y acompañarme no solo a construir, sino también a crear libertad, confianza y comunidad.

A mis mentores, asesores y a todos los profesionales que han creído en mí y me han brindado su conocimiento y confianza. Su guía ha sido clave para convertir cada desafío en aprendizaje y cada decisión en crecimiento.

Finalmente, gracias a ti, lector, por abrir este libro y permitirme compartir mi historia. Mi deseo es que encuentres en estas páginas motivación, estrategias y la certeza de que tú también puedes escribir tu propia historia de éxito y libertad.

A todos ustedes, gracias por formar parte de este viaje.

Evelyn Jiménez Quiñones

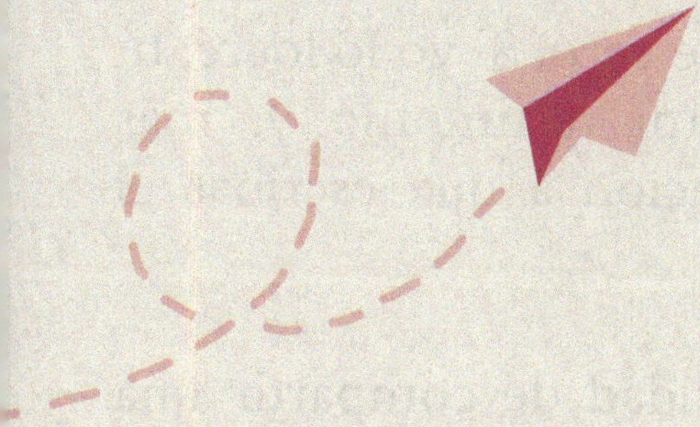

PRÓLOGO

Este libro está dedicado a todas las mujeres que sienten que están atrapadas en una rutina, que creen que no hay salida o que no saben cómo dar el primer paso hacia una vida diferente.

Mi propósito con estas páginas es demostrarte que sí es posible construir un futuro con libertad y estabilidad a través del mundo de los bienes raíces, incluso cuando las circunstancias parecen estar en tu contra.

Soy Evelyn y comencé desde cero. Si yo lo logré, tú también puedes. Este es mi testimonio y, más importante aún, una invitación a que escribas el tuyo.

Este libro nace de la necesidad de compartir una verdad que muchas veces permanece oculta: las mujeres tenemos un poder inmenso para transformar nuestras vidas y las de nuestras familias mediante la libertad financiera. Sin embargo, ese poder con frecuencia se ve opacado por el miedo, la falta de información o las limitaciones que imponen las circunstancias.

Lo sé porque he estado ahí. He sido esa mujer que, siendo madre soltera, se preguntaba si realmente era posible construir un futuro diferente: uno en el que no todo dependiera de un cheque quincenal o de un empleo que apenas dejaba espacio para vivir.

Pasé noches enteras pensando en cómo asegurarle a mi hijo una vida estable, mientras lidiaba con la incertidumbre de no saber si estaba tomando las decisiones correctas.

Mi camino en el real estate no comenzó con grandes recursos ni con todas las respuestas. Empezó con dudas y tropiezos, pero, sobre todo, con un profundo deseo de transformar mi realidad.

Ser independiente y tomar el control de nuestras finanzas no es solo una meta profesional; es también una forma de protección, de empoderamiento y de amor propio. Aprender a generar ingresos pasivos, invertir inteligentemente y construir estabilidad financiera nos da la libertad de decidir por nosotras mismas, sin depender de nadie ni aceptar situaciones de maltrato económico.

Este libro no es solo mi historia; es un mapa para todas aquellas mujeres que sueñan con más. Es un recordatorio de que no importa desde dónde comiences ni cuán difícil parezca la situación: siempre hay un camino hacia adelante.

En las próximas páginas compartiré los principios, los errores, las decisiones y las estrategias que me permitieron construir estabilidad financiera desde cero.

He diseñado esta guía para ofrecerte claridad, dirección y herramientas prácticas que puedas aplicar en tu propia vida, sin importar en qué punto te encuentres hoy.

Y, lo más importante: ese camino no solo te pertenece a ti, sino que también abre las puertas para que otras mujeres se inspiren y se atrevan.

Si estás leyendo estas páginas, quiero que te hagas una promesa: que nunca volverás a subestimar tu capacidad de crecer, invertir y prosperar. Aquí encontrarás inspiración, lecciones, risas, errores y victorias, pero, sobre todo, la prueba de que sí es posible.

Bienvenida a este viaje.
Bienvenida a tu nueva historia.

Real Estate

MI RUTA A LA LIBERTAD FINANCIERA

EVELYN JIMÉNEZ QUIÑONES

Tabla de CONTENIDO

HOLA, SOY EVELYN!

Aquí comienza una ruta de transformación, donde las mujeres descubren su poder para convertirse en líderes, inversionistas y creadoras de su propio destino.

Este libro nace de mi propia experiencia: de cómo comencé con sueños, construí mi marca y logré crecer en el mundo de los bienes raíces y las inversiones. Hoy, mi propósito es inspirarte a que también te atrevas, a que diseñes tu propio plan y descubras que el éxito y la libertad financiera también están a tu alcance.

CAPITULO 1

EL PUNTO DE PARTIDA

Jeremías 29:11
"Sólo yo sé los planes que tengo para ustedes. Son planes para su bien, y no para su mal, para que tengan un futuro lleno de esperanza".

Antes de invertir en bienes raíces, mi vida era completamente distinta. No había contratos de cierre. No había propiedades que mostrar. No había clientes buscando asesoría. Solo había una mujer que trabajaba a tiempo completo y llevaba un negocio como gerente de proyectos para diferentes compañías.

Mis días eran una montaña de listas interminables, reportes que nunca parecían terminar y reuniones que exigían mi presencia física, pero que, poco a poco, me iban apagando por dentro. La realidad era clara: esas largas horas de trabajo me dejaban casi sin tiempo para lo que realmente importaba: mi familia, mi hijo y mi propio bienestar.

Estaba atrapada en una rutina que apenas me permitía disfrutar los momentos simples. Siempre trabajando. Siempre cumpliendo. Pero sin sentirme plena. Sin avanzar hacia la vida que soñaba. Cansada. De mal humor. Como madre soltera, las responsabilidades son mayores, el apoyo es limitado y cada decisión, por pequeña que sea, recae únicamente en mí. Había noches en las que el miedo me invadía:

—¿Cómo voy a poder con todo?

—¿Cómo construir un futuro sólido para mi hijo si apenas logro cubrir lo básico?

Dudas y muchas preguntas sin respuesta. Pero también algo más: mi determinación.

Al regresar a casa, la lista seguía: tareas de la escuela, la cena, organizar lo del día siguiente... y, entre todo eso, apenas quedaba espacio para mí. El cansancio era constante. Pero lo más doloroso era sentirme atrapada en un ciclo sin fin.

Trabajaba para pagar. Pagaba para sobrevivir. Y sobrevivía para volver a trabajar.

Era como correr en una rueda que nunca se detiene, sin llegar a ningún destino. Por fuera, parecía que lo tenía todo bajo control. Por dentro, sabía que esa vida no era sostenible.

Y hay un recuerdo que marcó el inicio de mi transformación. Eran noches silenciosas. Mi hijo dormía y la casa quedaba en calma. Me sentaba a mirarlo mientras respiraba tranquilo, con esa paz que solo tienen los niños. Y, en ese instante, me preguntaba:

La respuesta estaba clara: no. No quería que creyera que la vida era solo sacrificio y resignación.

Soñaba con un futuro distinto. Uno en el que fuera dueña de mi tiempo. Uno donde no dependiera de un jefe ni de un horario fijo.

Quería poder acompañar a mi hijo en sus etapas más importantes: en sus juegos, en sus actividades escolares, en sus alegrías y también en sus dificultades.

Mi mayor deseo: no perderme su infancia. No vivir ausente de la vida de quien más amo.

Pero no tenía idea de cómo lograrlo. No había un plan perfecto ni un mapa que me guiara. Solo tenía ganas, corazón y una disciplina silenciosa que me recordaba que, aunque el camino fuera difícil, siempre habría una manera de avanzar.

Así era mi vida: me levantaba antes del amanecer, preparaba a mi hijo a toda prisa, lo dejaba en el cuido y salía a enfrentar el tráfico, la prisa de la gente y mis responsabilidades laborales.

Pasaba horas en reuniones, contestando correos, supervisando proyectos... y, cuando llegaba la tarde, sentía que mi energía estaba completamente agotada.

No quería que pensara que conformarse con menos era normal. Quería que me viera como ejemplo de valentía, de resiliencia.

"TRABAJABA PARA PAGAR, PAGABA PARA SOBREVIVIR, Y SOBREVIVÍA PARA VOLVER A TRABAJAR."

De alguien que se atreve a salir de lo seguro para construir un futuro mejor.

Aceptar que necesitaba un cambio fue, quizás, el paso más difícil. La rutina puede ser cómoda, aunque no te haga feliz. Te da cierta seguridad, pero, al mismo tiempo, te mantiene atada.

Una parte de mí pensaba que soñar con algo distinto era un lujo; que mis responsabilidades eran tan grandes que debía quedarme donde estaba. Pero otra voz dentro de mí no se callaba. Esa voz me decía: mereces más. Tu hijo merece más. No puedes resignarte a una vida de cansancio eterno.

Y, aunque no tenía un plan detallado, decidí escuchar esa voz.

Mi verdadero punto de partida no fue obtener la licencia de corredora de bienes raíces ni invertir por primera vez. Ese día llegaría después. Mi punto de partida real fue aceptar que no podía seguir viviendo igual. Fue cuando, mirando a mi hijo dormir, decidí que haría lo que fuera necesario para construir un futuro distinto, sin importar miedo, dudas o limitaciones.

Los verdaderos comienzos están llenos de incertidumbre, pero son poderosos, porque representan el momento en que tomas el control de tu vida y del futuro de tu familia.

Los comienzos raramente son perfectos. Suelen estar llenos de incertidumbre, tropiezos, noches en vela y preguntas que te sacuden el alma. Pero empezar algo nuevo es poderoso, porque representa el instante en que decides tomar el control de tu historia, de tu vida y del futuro de tu familia.

Ese fue mi inicio: el día que me atreví a creer que otra vida era posible. Una vida donde el sacrificio no fuera la única opción. Donde la independencia y la libertad podían convertirse en realidad.

Y, aunque en ese momento todavía no lo sabía, estaba a punto de descubrir un mundo que transformaría mi vida para siempre.

Sigue leyendo... porque esto es solo el comienzo de mi historia.

Mini Resumen

La rutina agotadora y el sacrificio constante no son la única forma de vivir.

La independencia financiera comienza con aceptar que mereces más y decidir cambiar tu realidad.

Este capítulo marca el inicio de un viaje hacia la libertad, el propósito y la transformación.

Reflexiona:

¿qué cambio estás dispuesta a dar hoy para construir la vida que sueñas?

No esperes más. Da el primer paso, aunque sea pequeño, y acompáñame a descubrir cómo transformar tu historia y tu futuro.

REAL ESTATE IS
THE Art
OF TURNING
MONEY INTO
FUTURE
Freedom

CAPITULO 2

EL ENCUENTRO QUE CAMBIÓ TODO

Eclesiastés 4:9-10 – "Mejores son dos que uno; porque tienen mejor paga de su trabajo. Porque si cayeren, el uno levantará a su compañero; pero ¡ay del solo! que cuando cayere, no habrá segundo que lo levante".

Antes de que mi vida diera un giro inesperado, mi mundo funcionaba en piloto automático.

El dinero era limitado, y aunque siempre soñaba con un futuro diferente, sentía que las oportunidades estaban reservadas para otras personas: aquellas con conexiones, con capital, con un respaldo que yo no tenía.

Los bienes raíces, por ejemplo, me parecían un universo ajeno, exclusivo e inalcanzable. Lo veía como algo lejano, reservado para inversionistas con bolsillos profundos o familias con propiedades heredadas. Nunca me pasó por la mente que yo, con mis ahorros y todas mis responsabilidades encima, pudiera pertenecer a ese mundo.

Pero Dios y la vida tienen maneras misteriosas de presentarnos oportunidades en los momentos que menos lo esperamos. Para mí, todo cambió con una conversación sencilla, casi casual, con una mujer que se convirtió en una guía sin siquiera proponérselo.

Gladys siempre fue de esas mujeres que no piden permiso para crecer. Visionaria, decidida, estratégica. Mientras muchas dudaban, ella avanzaba. Mientras otras soñaban, ella ejecutaba.

Yo la admiraba en silencio...

Un día, sentadas frente a frente, con una conversación que parecía casual pero que el destino había marcado como decisiva, me hizo una pregunta que atravesó todas mis excusas, mis miedos y mis límites invisibles:

—¿Y tú, Evelyn... hasta cuándo vas a seguir esperando?

Esa pregunta no fue solo una frase.
Fue un espejo.
Fue un desafío.
Fue el inicio de un despertar.

Porque a veces no necesitamos más información. Necesitamos una pregunta que nos obligue a decidir quién queremos ser.

—¿Cuánto estás generando en intereses mensualmente con tus ahorros?

Yo respondí con una cifra pequeña, insignificante. Entonces ella, sin titubear, me dijo:

—¿Sabes que si compras una casita con ese dinero vas a generar catorce veces más al mes?

En ese momento, sentí como si alguien me hubiera quitado una venda de los ojos. Era como si, de pronto, encendieran la luz en un cuarto donde llevaba demasiado tiempo en la oscuridad.

La idea parecía tan simple, tan obvia... y, sin embargo, nunca la había considerado.

Gladys me abrió la puerta a un mundo que hasta entonces me parecía inalcanzable. No fue solo la información lo que me impactó, sino la forma en que lo dijo: con convicción, con certeza, con la seguridad de que yo también podía hacerlo. Ese encuentro marcó un antes y un después en mi vida.

Hay momentos en la vida que parecen pequeños, casi insignificantes en el instante en que suceden, pero, con el tiempo, entendemos que son los que transforman nuestro rumbo para siempre. Ese día fue mi punto de partida.

No se trataba solo de comprar una casa o de hacer una inversión. Era la primera vez que alguien me hacía ver que mi futuro no tenía que estar limitado a mis circunstancias actuales.

Comprendí que podía ser dueña de mi destino y que, si me atrevía a dar el paso, podía construir una vida nueva para mí y para mi familia.

Hasta ese momento, yo veía el real estate como un terreno reservado. Pero en esa conversación entendí que la diferencia no estaba en el dinero inicial, sino en la mentalidad.

Gladys me enseñó que los bienes raíces no eran un lujo de unos pocos, sino una herramienta poderosa al alcance de quienes estuvieran dispuestas a aprender, arriesgarse con inteligencia y trabajar con disciplina. Ella veía oportunidades donde yo solo veía escombros. Sin darse cuenta y con poca dificultad, me cambió la vida.

Esa noche llegué a casa y me quedé pensando en cada palabra que ella me dijo. Era como si mi mente no pudiera apagar la emoción de esa revelación. Por primera vez en mucho tiempo, no sentí que mi vida estuviera condenada a la rutina. Sentí una ruta clara, un plan posible y, sobre todo, un futuro distinto esperándome.

¿Y te preguntarás si tenía miedo a equivocarme, a fracasar, a no estar a la altura?

Sí lo tenía. Pero junto al miedo nació algo más fuerte: la confianza de que, con cada paso, aprendería, crecería y transformaría mi realidad.

No quiero que pienses que todo fue mágico ni inmediato. No lo fue. Ese encuentro fue un despertar, pero no vino con una varita mágica que resolviera todo en un instante. Lo que hizo fue plantar una semilla, una chispa que me empujó a cuestionar mis miedos y mis limitaciones autoimpuestas, y a dar el siguiente paso.

Me enseñó que esperar el "momento perfecto" era solo una excusa para quedarme en el mismo lugar. La verdad era que debía actuar con lo que tenía, con lo que sabía y con la pasión que me movía, como madre y como mujer que soñaba con más.

Mi primer paso hacia el real estate no fue perfecto, pero sí valiente.

Y esa valentía fue suficiente para comenzar a escribir una nueva historia. Lo que parecía un simple encuentro con una amiga se convirtió en el motor que impulsó mi camino como inversionista y, más adelante, como corredora de bienes raíces.

LAS MUJERES EMPRENDEDORAS NO SOLO CONSTRUYEN NEGOCIOS, CONSTRUYEN LEGADOS Y CONDUCEN CAMINOS QUE INSPIRAN A OTRAS MUJERES.

Comprendí que los límites no estaban en mi cuenta de banco, sino en mi manera de pensar. Y lo más poderoso: no estaba sola. Existen otras mujeres como yo que ya lo estaban logrando, y si ellas podían, ¿por qué yo no?

Hoy, mirando atrás, puedo decir con certeza que ese día me regaló la posibilidad de soñar de nuevo, pero esta vez con acción y propósito. Y, por eso, quiero hablarte directamente a ti, mujer que estás leyendo estas palabras: no importa dónde estés ahora, ni cuáles sean tus circunstancias.

El cambio es posible y Dios siempre está contigo. Tú también puedes ser dueña de tu futuro. No necesitas tener todas las respuestas, ni todo el dinero del mundo. Lo que necesitas es dar el primer paso, con valentía y con la convicción de que mereces más.

Mi historia comenzó con una conversación, con un wake up call. La tuya puede comenzar a escribirse hoy mismo, aquí y ahora.

Quiero acompañarte en ese camino porque sé lo que es empezar desde cero. Sé lo que es sentir miedo, y también sé lo que es superar esas barreras y construir algo más grande de lo que alguna vez imaginé.

Los bienes raíces cambiaron mi vida, y estoy convencida de que también pueden cambiar la tuya.

Este es tu momento, y quiero que lo aproveches.

No necesitas venir de riqueza para triunfar en real estate; solo necesitas la valentía de empezar.

Mini resumen – Capítulo 2

Una conversación puede cambiar el rumbo de tu vida.

No necesitas tener todo el dinero ni todas las respuestas: lo importante es dar el primer paso.

La mentalidad correcta es más poderosa que el capital inicial.

Las oportunidades existen, pero depende de ti atreverte a verlas y actuar.

Reflexiona: ¿Qué pequeño paso puedes dar hoy para acercarte a la vida que sueñas?

Atrévete a mover tu historia hacia adelante: tu futuro no espera... y tú tampoco deberías.

INVERTIR EN BIENES RAÍCES NO ES SOLO UNA *decisión* ES UNA DECLARACIÓN DE *Independencia*

CAPITULO 3

MIS PASOS A LA LIBERTAD

NO TENGAS MIEDO DE EMPEZAR PEQUEÑO; CADA PROPIEDAD ES UN PILAR EN EL CAMINO HACIA TU GRANDEZA.

CALLA LAS VOCES EN TU CABEZA QUE TE DICEN QUE NO PUEDES!

Gladys me guió en mi primera inversión, que no fue perfecta. De hecho, estuvo llena de tropiezos, noches sin dormir, decisiones dudosas y aprendizajes que, en el momento, parecían duras lecciones de la vida. Pero lo más importante es que comencé, y ese inicio fue el primer paso de mi camino hacia la libertad financiera.

En casa, mi hijo jugaba a lo lejos y yo estaba sentada, sobrepensando cada detalle. Cada número, cada gasto, me provocaba un cosquilleo de emoción y, al mismo tiempo, un nudo en el estómago. Me preguntaba una y otra vez:

—¿Estoy haciendo lo correcto?
—¿Me estoy lanzando demasiado rápido?
—¿Qué pasa si esto sale mal?

Había mucho miedo... pero lo guardé en la gaveta. Porque junto a él también estaba la esperanza: la certeza de que nuestra vida cambiaría si me atrevía a actuar.

Mi primer proyecto fue una pequeña casa reposeída por el banco. Modesta, antigua, con paredes que pedían reparación y un jardín descuidado, en total abandono. La verdad... ¡estaba horrible! Y aunque la mayoría veía problemas, yo, guiada por la visión de Gladys y su apoyo, vislumbraba un futuro prometedor.

Aun así, no voy a mentir: había días en que me sentía abrumada. Los números no cuadraban, los contratistas llegaban tarde o no llegaban, y las reparaciones costaban más de lo presupuestado.
No mentiré, muchas veces pensé:

—¿Qué estoy haciendo? ¿Por qué me metí en esto?

Pero luego miraba la casa con otros ojos: el garaje podría convertirse en sala, la ubicación era buena y sabía que se podría rentar fácilmente. La cocina, con un poco de creatividad, se transformaría en el corazón de la casa.

Cada detalle me enseñaba a ver más allá de lo superficial, a confiar en mi instinto y en la guía que estaba recibiendo. Estaba agotada, pero feliz. En la vida debemos enfocarnos en los mejores escenarios. A veces la vida puede sorprendernos para bien.

ESE APRENDIZAJE EL QUE ME INSPIRÓ A CREAR MUJERES EN REAL ESTATE.

Si no lo intentaba, seguiría atrapada en la rutina de siempre. Si no me arriesgaba, nada cambiaría.

Los primeros pasos son como los cambios: necesarios. Tuve que aprender a analizar propiedades, calcular rentabilidad, comprender préstamos y manejar mis finanzas personales con mayor disciplina. También trabajé para disminuir mis gastos, priorizar aún más mis ahorros y entender que cada centavo debía tener un propósito.

Los momentos de triunfo, así fueran pequeños, me llenaban de alegría. Ver cómo las cosas tomaban forma y que cada paso del proyecto se completaba era indescriptible.

Cuando terminé esa primera propiedad y firmé el contrato de alquiler, sentí una satisfacción única: mi dinero al fin comenzaría a trabajar para mí, y estaba construyendo algo real; algo que crecería con cada decisión y esfuerzo que hacía.

Ese fue el recordatorio claro de que estaba construyendo un futuro diferente para mi hijo y para mí. Todas esas noches largas pensando en números, plazos y detalles habían sido la preparación. Ahora me levantaba cada día con emoción, con la certeza de que cada pequeño paso contaba.

Descubrí con esta experiencia que invertir no solo es comprar propiedades; significa educarse, investigar, planificar, y sobre todo, aprender a tomar decisiones valientes a pesar del miedo.

¿Cometí errores? Claro que sí. Algunos me costaron dinero, tiempo, energía y también noches de sueño. Pero cada error fue una lección invaluable. Aprendí que no hay crecimiento sin caída, que no hay éxito sin prueba, y que la paciencia y la perseverancia siempre dan frutos. Cada obstáculo superado me hizo más fuerte, más sabia y más segura.

Sentí una mezcla de orgullo, alivio y felicidad. Era la prueba de que dar el primer paso vale más que cualquier miedo. Cada vez que veía a mi hijo sonreír, sabía que estaba construyendo un legado para él: un ejemplo de valentía, disciplina y determinación.

Cada decisión, cada error y cada logro me llevaron a ganar confianza, a desarrollar estrategia y a crecer como inversionista.

Luego de esa primera casita, llego la segunda, la tercera, la cuarta, la quinta y seguimos contando.

Con el tiempo, mi visión se expandió: comencé a enfocarme en propiedades multifamiliares, buscando maximizar cada espacio, analizar cada posibilidad y encontrar el equilibrio entre riesgo y oportunidad. Cada inversión posterior se volvió más estratégica, porque ahora tenía experiencia, seguridad y una mentalidad de crecimiento.

Hoy, mirando atrás, veo cómo esa primera casa cambió todo. No solo porque generó ingresos pasivos y estabilidad económica, sino porque me dio la certeza de que podía crear mi propio camino, construir riqueza y libertad, y enseñar a otras mujeres que es posible.

Esa primera inversión fue más que un proyecto: fue el inicio de mi independencia, de mi confianza y de mi visión.

Los días se llenaban de pequeños retos: decisiones sobre remodelaciones, visitas a proveedores y reuniones con bancos...

Todo mientras seguía trabajando y cuidando a mi hijo. Aprendí a balancear responsabilidades, confiar en mí misma y organizar mis prioridades. Descubrí la fuerza que surge cuando una mujer se compromete con su propio futuro y cómo cada sacrificio se transforma en un logro que nadie puede quitarte.

Cada paso que di, cada miedo que enfrenté, cada error que cometí y cada victoria que celebré se convirtieron en una lección y en un ejemplo.

Hoy puedo decir con orgullo: mi libertad financiera comenzó cuando me atreví a dar mi primer paso, enfrentar el miedo, actuar con determinación y creer en mí misma.

Y quiero que cada mujer que lea estas palabras sienta esa misma fuerza, esa misma certeza: sí puedes, sí es posible y no estás sola en el camino.

TURN YOUR PASSION INTO PROFIT -AND YOUR PROFIT INTO FREEDOM

A VECES, LA MOTIVACIÓN PUEDE VENIR DE AFUERA, PERO, AL FINAL DEL DÍA, SOLO TE TIENES A TI MISMA. HABRÁ PERSONAS QUE SE ACERQUEN PARA APOYARTE... O PARA DESMOTIVARTE. DEPENDE DE TI QUÉ VOZ ESCOGERÁS ESCUCHAR.

Mini resumen – Capítulo 3

Dar el primer paso es más importante que esperar a que todo sea perfecto.

Los errores y tropiezos son lecciones valiosas que fortalecen tu confianza.

Cada pequeño logro construye tu independencia financiera y tu libertad.

La visión y la mentalidad correcta son tan poderosas como cualquier capital inicial.

Reflexiona: ¿Qué primer paso puedes dar hoy para acercarte a tu libertad financiera?

No esperes más: tu camino comienza ahora, y cada decisión cuenta.

Empodérate
QUIENES VEN
MÁS ALLÁ DE
LAS paredes
DE UNA PROPIEDAD
SON QUIENES
CONSTRUYEN
Fortunas

CAPITULO 4

DE INVERSIONISTA A TOP PRODUCER

Y TODO LO QUE HAGÁIS, HACEDLO DE CORAZÓN, COMO PARA EL SEÑOR Y NO PARA LOS HOMBRES; SABIENDO QUE DEL SEÑOR RECIBIRÉIS LA RECOMPENSA DE LA HERENCIA, COLOSENSES 3: 23-24

Yo siempre me digo que la vida me ha movido a cantazos de donde no debo estar, y Dios me posiciona en el lugar correcto.

Como vivimos en propósito y no por casualidad, después de esa primera inversión llegó la siguiente... y luego otra... y así seguí y sigo.

Mi hermana Zory me insistió en que estudiara Bienes Raíces. Lo decía con una seguridad que a veces me incomodaba, porque yo no lograba verme como ella me veía.

Había tenido triunfos y también fracasos. Y aunque siempre me he considerado una mujer exitosa, las ventas nunca fueron "lo mío". Eso era lo que repetía. Eso era lo que creía.

Pero muchas veces no es que no tengamos el talento; es que no nos hemos permitido descubrirlo.
Ella veía en mí algo que yo todavía no estaba lista para aceptar: visión, disciplina, capacidad de negociación y, sobre todo, liderazgo. Mientras yo dudaba, ella estaba segura. Mientras yo me limitaba, ella expandía mi panorama.

Hoy entiendo que a veces Dios usa la voz de alguien cercano para mostrarnos el camino que nosotros no alcanzamos a ver.

Y esa insistencia que un día me incomodó terminó siendo una de las semillas más importantes de mi transformación.

"A mí, déjenme las operaciones, las estructuras, las multiunidades de negocio... pero ¿vender? No, gracias".

O al menos, eso era lo que yo creía...

Me sentía cómoda detrás de la estrategia, analizando números, diseñando estructuras, creando sistemas. Ahí me sentía fuerte, en control.

La pandemia llegó y el lockdown cortó de golpe todos mis ingresos, tanto locales como internacionales. Sin previo aviso. Sin plan alterno. Sin anestesia.

Lo que parecía una crisis terminó siendo una confrontación.

Ya no había excusas.
Ya no había distracciones.
Ya no había "después".

Si algo iba a hacer, tenía que hacerlo en ese momento. Le dije a Gladys que tomáramos el curso de bienes raíces en línea. Después de todo, ya estábamos invirtiendo en Real Estate y administrábamos nuestras propiedades por cuenta propia. ¿Qué podía perder?

Volver a estudiar fue un reto enorme para mí: un niño pequeño, cero ayuda y una casa que seguir sosteniendo.

Aprovechaba las noches, cuando mi hijo se dormía, para estudiar. Fue un sacrificio real, pero he aprendido que Dios nos lleva por caminos que, al principio, no entendemos. Sus planes y sus tiempos son perfectos. A veces, simplemente, nos toca caminar por fe.

Tenía terror de no aprobar la reválida, y ese mismo miedo fue el que me hizo esforzarme más. Tomé el curso, estudié con disciplina y, finalmente, aprobé con una calificación sobresaliente.

En 2021 me lancé oficialmente como corredora de bienes raíces.

Y ahí comenzó otra historia.

Me tomó seis meses cerrar mi primera transacción. No sabía por dónde empezar y, con cero destrezas de ventas, ya te imaginarás.

Con cada "no" que recibía, decidí buscar el "sí". Aprendí a no tomarlo personal, a escuchar mejor y a prepararme más.

Esos primeros meses fueron de siembra intensa. Y luego comenzaron a verse los frutos. Generé múltiples transacciones e historias de éxito que, ese mismo año, me llevaron a ser reconocida como "Rookie of the Year".

Ese logro fue el primer gran empujón de confianza que necesitaba. Me demostró que la perseverancia siempre da frutos, aunque al principio los resultados no se vean.

En 2022 fui reconocida dentro del Silver Million Club como Top Producer. En 2023 alcancé el Gold Million Clubcomo Top Producer. Más allá de los títulos, lo que realmente me llenaba era saber que estaba ayudando a personas a encontrar su hogar, a invertir con inteligencia y a construir estabilidad financiera para sus familias.

El 2024 marcó un giro aún más significativo: fui reconocida como Coach of the Year y nuevamente como Top Producer. Ya no se trataba solo de mis ventas. Se trataba de multiplicar conocimiento, de inspirar y de acompañar a otros en su propio proceso de crecimiento.

EJREALESTATEAGENT

FOLLOW ME

Pero aquí está lo que nadie ve detrás de los éxitos: estrategia, disciplina y humildad.

Nada fue casualidad. Entendí que no podía depender solo de la motivación; necesitaba estructura.

Aprendí a organizar mi tiempo, a medir mis números, a crear sistemas de seguimiento, a invertir en mi educación y a rodearme de personas que estuvieran jugando en un nivel más alto. La fe me sostuvo, pero la disciplina me posicionó.

Ahí comprendí algo poderoso: **la pasión abre la puerta, pero la estrategia te mantiene dentro.**

Dar el salto para convertirme en Corredora de Bienes Raíces, con una base sólida como inversionista, me dio seguridad, claridad y una fuerza que no sabía que tenía. Pero, más importante aún, me enseñó que el crecimiento verdadero ocurre cuando decides enfrentarte a aquello que jurabas que no era para ti.

Muchas veces, **lo que más rechazamos es exactamente lo que Dios usa para expandirnos.**

Si hoy estás leyendo esto y sientes que hay algo que te intimida, algo que piensas que "no es lo tuyo", pregúntate si realmente no es para ti... o si simplemente te está retando a convertirte en una versión más grande de ti misma.

Porque *la vida no te mueve a cantazos para destruirte; te mueve para alinearte.*

Y cuando te alineas con propósito, disciplina y fe, no solo cambian tus ingresos... cambia tu identidad. Está bien que, en ocasiones, las personas a nuestro alrededor puedan no creer en nosotras, pero jamás volveré a permitirme no creer en mí.

Porque, aun con ansiedad, hoy puedo decir que no me quedaré con mis sueños sin cumplir, y espero que tú tampoco lo hagas.

Entonces pensé en todas las mujeres que no se atreven a dar su primer paso por miedo. Mujeres brillantes, capaces, preparadas, pero paralizadas por historias internas que les dicen que no están listas.
Y me hice una promesa:

—Yo quiero cambiar eso. Quiero demostrar que sí se puede.

No desde la teoría.
No desde la perfección.
Sino desde la experiencia real.

Fue ahí donde nació la visión de Mujeres en Real Estate. No como un proyecto más, sino como un movimiento. Un espacio seguro donde las mujeres pudieran aprender el negocio correctamente, apoyarse sin competencia, crecer con estrategia y construir verdadera independencia financiera.

Entendí que el miedo no era exclusivo mío; las dudas tampoco. Las limitaciones muchas veces no eran externas; eran creencias heredadas, reforzadas por años.

Pero también entendí algo aún más poderoso: con la guía adecuada, el entorno correcto y la información precisa, una mujer puede cambiar completamente su trayectoria.

"TODO LO PUEDO EN CRISTO QUE ME FORTALECE"
(FILIPENSES 4:13)

Cada paso que yo daba dejaba de ser solo mío. Se convertía en evidencia, en permiso, en ejemplo. Porque cuando una mujer se atreve, no camina sola: abre camino.

Y si estás leyendo esto, quiero decirte algo con absoluta certeza:

Tú también te vas a atrever.

A esto y a mucho más.

PROVERBIOS 14:23
“EN TODA LABOR HAY FRUTO; MAS LAS VANAS PALABRAS DE LOS LABIOS EMPOBRECEN.”

Mini resumen – Capítulo 4

Atrévete a enfrentar lo que temes: lo que más dudas puede convertirse en tu mayor oportunidad.
La disciplina, la fe y la perseverancia transforman los "no" en aprendizajes y éxitos.

Cada acción tomada con propósito y estrategia construye tu confianza y tu crecimiento profesional.
Los desafíos son el camino para descubrir tu verdadero potencial y expandir tus límites.

Reflexiona:
¿Qué miedo o limitación puedes transformar hoy en tu próximo logro?

Da el paso: el crecimiento llega cuando te atreves a caminar hacia lo desconocido.

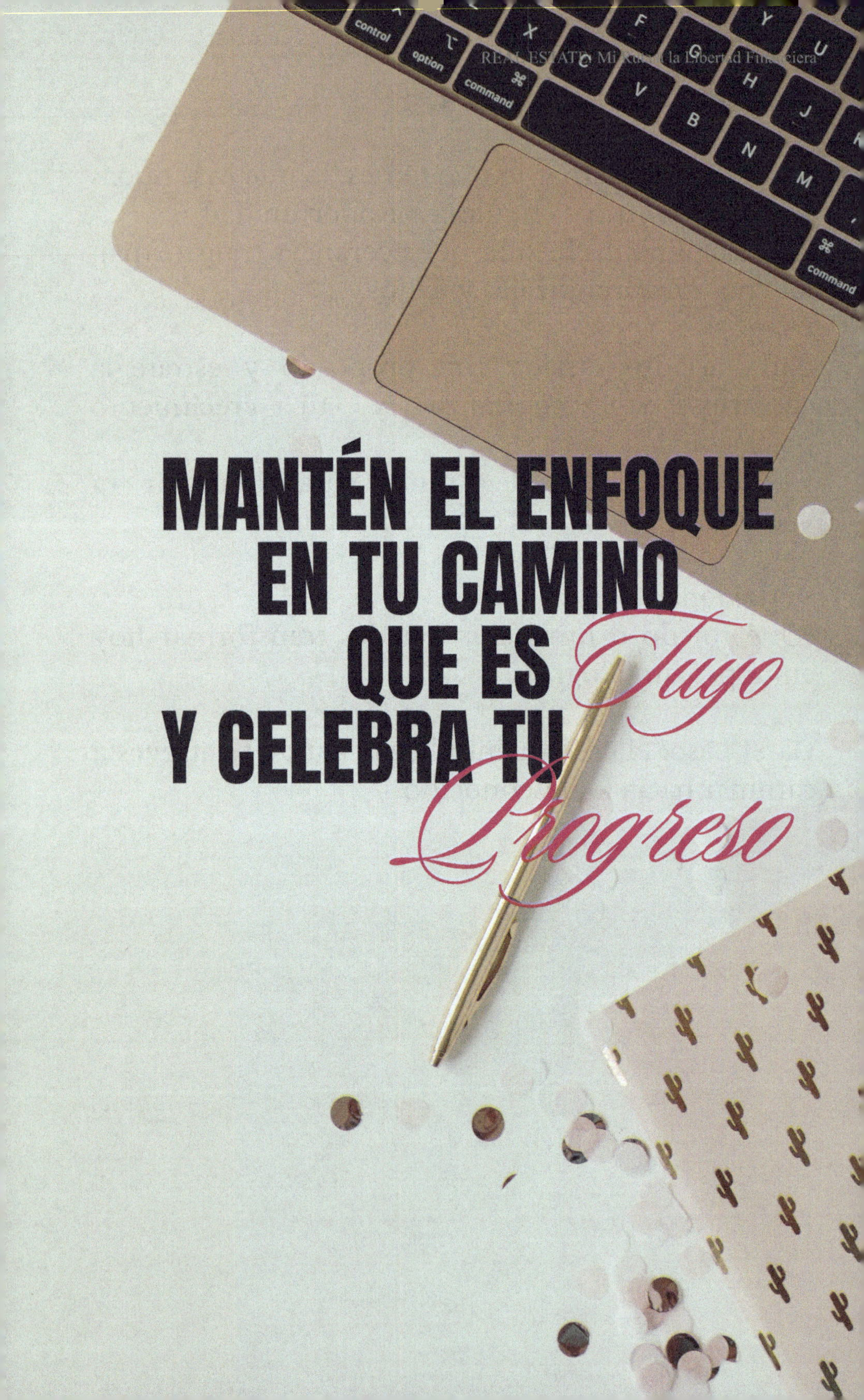
MANTÉN EL ENFOQUE
EN TU CAMINO
QUE ES Tuyo
Y CELEBRA TU
Progreso

CAPITULO 5

CONSTRUYENDO ESTABILIDAD

EN REAL ESTATE LAS MUJERES NO SOLO CERRAMOS VENTAS, ABRIMOS CAMINOS HACIA LA INDEPENDENCIA Y EL ÉXITO.
ATRÉVETE A IR POR MÁS.

La consistencia siempre ha sido la clave en el examen de mi vida y la herramienta más poderosa para alcanzar mis metas. En la industria de bienes raíces no fue diferente. Mientras crecía en el mundo de las ventas, también continuaba fortaleciendo mi portafolio de propiedades para alquiler.

Hoy, las rentas a largo plazo generan ingresos suficientes para sostener mi vida y la de mi hijo, sin depender de un empleo a tiempo completo. Este equilibrio entre ingresos activos y pasivos —como corredora y como inversionista— es lo que me ha permitido construir algo más valioso que el dinero: estabilidad, seguridad y libertad.

El éxito en las ventas de bienes raíces me dio experiencia, reconocimiento y satisfacción profesional. Sin embargo, dentro de mí sabía que eso no era suficiente para sentirme completamente segura.

Comprendí que depender únicamente de ingresos activos podía convertirse en un riesgo. Las ventas pueden fluctuar, el mercado puede cambiar y los ciclos económicos siempre llegan. Por eso decidí tomar el control de mi futuro financiero y fortalecer mi portafolio de propiedades de inversión.

Cada propiedad adquirida no solo representaba una inversión; representaba tranquilidad, estrategia y la construcción de un legado. Un sistema que, con el tiempo, aseguraría un futuro sólido para mí y para mi hijo.

Mi estrategia se centró en las rentas a largo plazo. Compré propiedades con potencial, evaluando cuidadosamente la ubicación, el estado y la demanda del mercado. Cada inversión era un paso hacia la independencia financiera: el dinero que ingresaba mensualmente de los alquileres no solo cubría los gastos de mantenimiento, sino que también empezaba a generar ganancias.

Fue un aprendizaje gradual, lleno de ensayo y error, pero cada experiencia me hizo más estratégica y segura.

Al mismo tiempo, seguía creciendo como Corredora de Bienes Raíces. Las ventas activas y los ingresos de mis propiedades de alquiler se complementaban: mientras unas me daban flujo constante, las ventas me permitían escalar metas y diversificar mi portafolio. Esta combinación de ingresos activos y pasivos me dio un balance único: seguridad, libertad y la posibilidad de reinvertir en nuevas oportunidades.

Aprendí que construir independencia no significa tener mucho dinero de inmediato;

significa ser inteligente con los recursos que tienes, aprovechar cada oportunidad y planificar para el futuro. Cada inversión, cada alquiler y cada venta fue una pieza del rompecabezas que, con paciencia y disciplina, comenzó a tomar forma.

Poco a poco, ese rompecabezas se convirtió en algo mucho más grande: una vida construida con intención, estrategia y propósito.

Comenzó a formarse un panorama claro: un camino hacia la estabilidad financiera y la libertad que siempre había buscado.

Al mirar atrás y ver cómo cada propiedad, cada estrategia y cada esfuerzo se han traducido en seguridad y libertad, me llena de orgullo. Construir y trabajar en la estabilidad no fue un camino rápido ni fácil, pero cada paso valió la pena. Y lo más importante: cualquier mujer, con la mentalidad correcta y la determinación de actuar, puede crear un futuro sólido, lleno de oportunidades y crecimiento.

Perdí el 8 a 5, pero gané una vida. Porque entendí que no se trata de vivir para trabajar, sino de trabajar para vivir, y que nuestro tiempo en esta tierra es limitado.

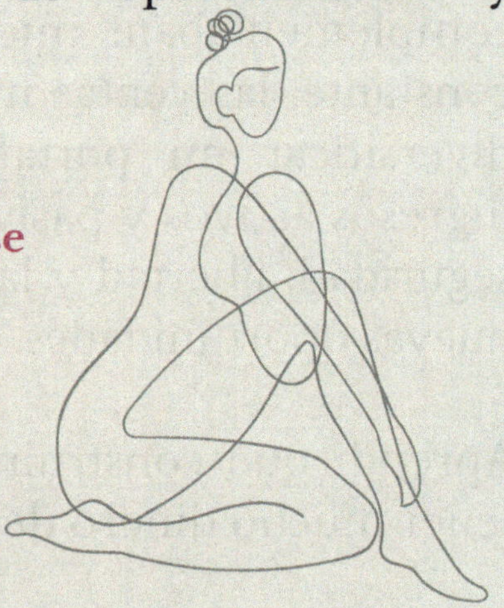

Para mí, la verdadera riqueza que me ha dado el Real Estate no se mide solo en números, sino en tiempo y libertad. Gracias a esta estabilidad financiera, pude transformar mi vida: hoy puedo planificar mi calendario alrededor de la vida de mi hijo, sentarme a estudiar con él e incluso tomarme unas vacaciones en épocas en que otros trabajan, sin sentir culpa ni presión.

No creo que sea justo pasar toda la vida trabajando para enriquecer a otros, cuando podemos construir nuestro propio camino hacia la independencia y disfrutar de lo que realmente importa. Esa es la transformación más poderosa que me ha regalado esta industria.

Además, esta etapa me enseñó otra lección: la riqueza no es solo económica; también es emocional.

Tener un flujo de ingresos estable me permitió dejar de preocuparme constantemente por el dinero y enfocarme en lo que realmente importa: mi familia, mi crecimiento personal y mi capacidad de ayudar a otras mujeres a alcanzar sus sueños a través del Real Estate.

Cada esfuerzo que realizamos, por pequeño que parezca, deja una huella. A veces no la vemos de inmediato, porque los frutos del trabajo constante no siempre se revelan en el momento de sembrar. Pero, con el tiempo, comprendemos que cada sacrificio, cada madrugada de incertidumbre y cada paso dado a pesar del miedo se convierte en una semilla de libertad y abundancia.

La libertad no llega de la noche a la mañana, ni se alcanza solo con desearla. Se construye con decisiones valientes, disciplina y la firme convicción de que merecemos una vida diferente.

La libertad nace cuando dejamos de actuar desde la carencia y comenzamos a hacerlo desde la fe, desde la certeza de que nuestro esfuerzo tiene propósito.

Y la abundancia... esa llega cuando entendemos que dar, servir y aportar valor a los demás no nos resta, sino que nos multiplica. El éxito no se trata solo de acumular logros o posesiones, sino de tener paz, propósito y plenitud.

En mi camino en Bienes Raíces —y en la vida— he aprendido que los días más difíciles también son parte del proceso.

El cansancio, la frustración y las caídas son maestros silenciosos que te obligan a mirar hacia adentro, ajustar el rumbo y seguir adelante. Solo quien persiste llega.

Cada esfuerzo invertido —aunque parezca invisible — está construyendo tu mañana, abriendo puertas que todavía no sabes que existen y creando oportunidades que aparecerán justo cuando estés lista para recibirlas.

Y un día, sin darte cuenta, mirarás atrás y entenderás que no fue en vano: que ese camino lleno de retos fue precisamente lo que te preparó para vivir con libertad y experimentar la verdadera abundancia, esa que no depende de lo que tienes, sino de lo que eres y de todo lo que has sido capaz de superar.

"Cada esfuerzo invertido se transforma en libertad y abundancia"

Mini resumen – Capítulo 5

La consistencia y la disciplina son la base para alcanzar metas y construir independencia. Combinar ingresos activos, como las ventas, con ingresos pasivos, como las propiedades de alquiler, genera seguridad y libertad.

La estabilidad financiera permite enfocarse en lo que realmente importa: la familia, el crecimiento personal y la posibilidad de ayudar a otros.

Cada esfuerzo, sacrificio y decisión tomada con propósito contribuye a un futuro sólido y abundante. La libertad y la abundancia no dependen solo de lo que tienes, sino de tu mentalidad, estrategia y acción constante.

Reflexiona:

¿Qué acciones puedes tomar hoy para fortalecer tu estabilidad y tu libertad? Recuerda que cada paso, aunque pequeño, es una semilla que construye tu mañana y tu abundancia futura.

Connect
with
us!
SCAN ME
SCAN ME
SCAN ME
@EJREALESTATEAGENT
SCAN ME
Mujeres en Real Estate
@mujeresenrealestatepr
ejrealestateagent
@ejrealestateagent
love, Evelyn

CAPITULO 6

EL SUPERPODER "REAL ESTATE"

CUALQUIER MUJER PUEDE SER EXITOSA, SIN IMPORTAR SU PUNTO DE PARTIDA, SIEMPRE QUE SE ATREVA A EMPEZAR, APRENDA DE CADA EXPERIENCIA Y CONFÍE EN SU PROPIO POTENCIAL.

Ser mujer en esta industria no siempre es fácil, pero tampoco es casualidad. Durante mucho tiempo pensé que estaba entrando a un negocio; hoy entiendo que estaba entrando a un proceso de transformación.

El Real Estate no llegó a mi vida solo para generar ingresos. Llegó para exigirme crecimiento, para confrontarme, para pulirme, porque este negocio no solo construye patrimonio, construye carácter.

Cada negociación me enseñó a hablar con firmeza sin perder elegancia. Cada cliente me obligó a escuchar más allá de lo evidente. Cada reto me enfrentó con una pregunta incómoda:

—¿Vas a crecer o vas a quedarte pequeña?

Hubo momentos en los que sentí que debía demostrar el doble para ser tomada en serio. Mis ideas necesitaban más argumentos, mis decisiones más validación, mis resultados más constancia. Y entonces comprendí algo que cambió mi forma de verme: la presión no era un castigo, era entrenamiento.

Mientras otros dudaban, yo me preparaba. Mientras algunos subestimaban, yo me fortalecía. Mientras el miedo susurraba, mi disciplina gritaba más fuerte.

El cambio más poderoso ocurrió cuando redefiní mi rol. No estoy aquí para vender, estoy aquí para orientar. No estoy aquí para presionar decisiones, estoy aquí para elevarlas.

Cuando entendí que mi misión no era cerrar contratos, sino guiar decisiones financieras inteligentes, el negocio dejó de ser tensión y se convirtió en propósito. Orientar exige conocimiento, ética y responsabilidad emocional. Y eso requiere crecimiento personal constante. No puedes orientar con seguridad si tú misma dudas de tu valor; no puedes liderar decisiones importantes si no has aprendido a liderar tu propia mente.

Ahí descubrí que el mayor obstáculo nunca fue la industria: fue la versión limitada de mí misma, la voz interna que pregunta: ¿Y si no soy suficiente? ¿Y si fallo? ¿Y si no estoy lista?

El Real Estate me obligó a responder con acción. Me ayudo a convertirme en una mujer más disciplinada, más estratégica, más consciente de su impacto.

Me enseñó a negociar sin perder sensibilidad, a decidir sin perder empatía y a crecer sin perder autenticidad. Y en ese proceso algo cambió dentro de mí: dejé de querer encajar y comencé a liderar. Entendí que ser mujer en esta industria no es una desventaja, es una ventaja estratégica.

Porque sabemos leer emociones en una negociación, construir relaciones a largo plazo y entender que detrás de cada propiedad hay una historia, un sueño, una familia. Y cuando lideras desde esa conciencia, no solo haces negocios: generas confianza, estabilidad e impacto.

Una mujer que aprende a generar ingresos con estrategia deja de depender. Una mujer que fortalece su mentalidad deja de limitarse. Y una mujer que entiende su valor deja de pedir permiso.

Como madre soltera, este camino también me enseñó algo que redefinió mi definición de éxito: el verdadero logro no es necesariamente cuánto produces, sino quién eres mientras produces.

Descubrí que puedo construir patrimonio sin sacrificar presencia, que puedo crear estabilidad sin perder mi esencia y que puedo aspirar a más sin abandonar lo que más amo. Ese equilibrio no es casualidad, es decisión.

Aprendí que la colaboración puede ser más poderosa que la competencia. El éxito no se trata solo de ganar clientes o cerrar ventas; se trata de crear relaciones duraderas, generar confianza y elevar a otras mujeres a través del ejemplo. Ser testigo de cómo mis

TAMBIÉN APRENDÍ QUE LA COLABORACIÓN PUEDE SER MÁS PODEROSA QUE LA COMPETENCIA.

clientas o colegas alcanzan sus metas gracias a lo que comparto es una de las mayores satisfacciones de mi carrera.

Por eso nació Mujeres en Real Estate. No como una comunidad más, sino como un espacio donde las mujeres aprenden que los bienes raíces no son solo una herramienta financiera, sino una plataforma de evolución. Aquí no solo hablamos de inversiones, hablamos de mentalidad, autoestima, disciplina y visión.

Este proyecto que comparto con dos colegas y amigas impresionantes: **Juliana Elizondo, sexóloga**, quien aporta una mirada integral sobre la autoestima y el bienestar de la mujer; y **Jessica Isis Tirado, experta en comunicaciones y cofundadora de Mujer Emprende Latina**. Cada una, desde su experiencia, aporta un valor único.

Juntas buscamos empoderar a más mujeres a crecer profesionalmente, utilizar los bienes raíces como una herramienta para mejorar su calidad de vida, fortalecer su autoestima y abrir nuevas oportunidades de aprendizaje y desarrollo.

Este proyecto va más allá de transacciones o negocios: queremos acompañar a las mujeres que deciden dejar atrás la mentalidad del 8:00 a.m. a 5:00 p.m. y se atreven a convertirse en empresarias de su propio destino.

Cuando las mujeres nos unimos, compartimos herramientas, creamos comunidad y transformamos nuestras vidas, las de nuestras familias y las de futuras generaciones.

Además, ser mujer me enseñó a equilibrar el éxito profesional con la vida personal. Como madre, entendí que no podía sacrificar mi bienestar ni el tiempo con mi hijo en nombre del trabajo.

Descubrí que es posible ser exitosa y, al mismo tiempo, crear espacios para disfrutar de la familia, celebrar los logros personales y valorar la vida misma.

Ese equilibrio, aunque desafiante, es parte del poder de ser mujer: podemos construir libertad y estabilidad sin perder nuestra esencia ni nuestras prioridades.

Hoy puedo decir con certeza que ser mujer en el Real Estate es un privilegio y una responsabilidad.

Un privilegio, porque tenemos la capacidad de transformar vidas, romper barreras y demostrar que el éxito no tiene género.

Una responsabilidad, porque nuestras acciones inspiran a otras, cada paso que damos puede abrir puertas y cada logro puede convertirse en una señal de que también es posible para ellas.

Al final, no se trata solo de propiedades, contratos o inversiones. Se trata de impacto, de propósito y de legado. Porque cuando una mujer descubre su poder, no solo cambia su historia: también cambia la de quienes vienen después.

El poder de ser mujer en esta industria radica en nuestra capacidad de transformar desafíos en oportunidades, utilizar nuestra voz y nuestra experiencia para liderar con integridad, y demostrar que es posible construir riqueza, confianza y libertad financiera sin renunciar a nuestra autenticidad.

Este capítulo no solo refleja mi experiencia; también es un llamado a todas las mujeres: crean en ustedes mismas, inviertan en su conocimiento, persigan sus sueños y no permitan que nadie defina lo que son capaces de lograr.

Más que una historia personal, este capítulo es una invitación. No solo a entrar en la industria, sino a usarla como una herramienta de evolución: para elevar tu mentalidad, fortalecer tu carácter, romper tus propios límites y decidir que mereces jugar en un nivel más alto.

Porque el siguiente nivel no comienza cuando ganas más dinero; comienza cuando te conviertes en una mujer que piensa diferente. Y cuando eso sucede, no solo cambia tu cuenta bancaria: cambia tu postura, cambia tu conversación interna, cambia tu entorno y cambia tu legado.

El Real Estate es el vehículo. La transformación eres tú. Y el momento de subir de nivel es ahora.

Manifiesto – Mujeres en Real Estate

No estamos aquí solo para vender; estamos aquí para orientar.
No estamos aquí para competir; estamos aquí para construir.

Cada decisión que tomamos, cada conocimiento que compartimos y cada paso que damos tiene el poder de transformar vidas.

Cuando una mujer crece, inspira a otras a crecer.
Cuando una mujer invierte en su educación, multiplica oportunidades.

Cuando una mujer lidera con integridad, abre caminos para generaciones enteras.

Mujeres en Real Estate no es solo un movimiento; es un llamado a la acción: elevar tu mentalidad, fortalecer tu carácter y construir un legado.

Porque al final del día, ser mujer no es una limitación. Es una fuerza capaz de cambiar el mundo... una inversión a la vez.

Mini resumen – Capítulo 6

Ser mujer en Real Estate es una ventaja estratégica. Los retos, tanto externos como internos, representan oportunidades para crecer y fortalecer nuestra mentalidad.

El verdadero objetivo no es solo vender, sino orientar y educar desde la preparación, la ética y la responsabilidad.

Colaborar, inspirar y empoderar a otras mujeres multiplica el impacto y construye comunidades sólidas. Mantener el equilibrio entre la vida personal y el éxito profesional demuestra que es posible crecer sin perder autenticidad, crear riqueza y al mismo tiempo preservar nuestra esencia y prioridades.

Reflexiona sobre cómo puedes usar tu fortaleza y tus experiencias para inspirar a otras mujeres. Piensa en quién necesitas convertirte para alcanzar el siguiente nivel. Recuerda que tu autenticidad, tu disciplina y tu liderazgo no solo te llevan al éxito, sino que también abren caminos para quienes vienen detrás de ti, transformando la historia de toda tu generación.

CAPITULO 7

Cambia tu Mindset

INVIERTE INTELIGENTEMENTE

Invertir no es cuestión de suerte; es cuestión de estrategia. Aprendí a analizar propiedades, a negociar, a identificar oportunidades y a buscar el financiamiento adecuado.

Mi consejo para toda mujer que quiera comenzar es simple: edúcate, asesórate y atrévete. El conocimiento es poder, y en Real Estate puede ser la diferencia entre perder dinero o construir verdadera riqueza.

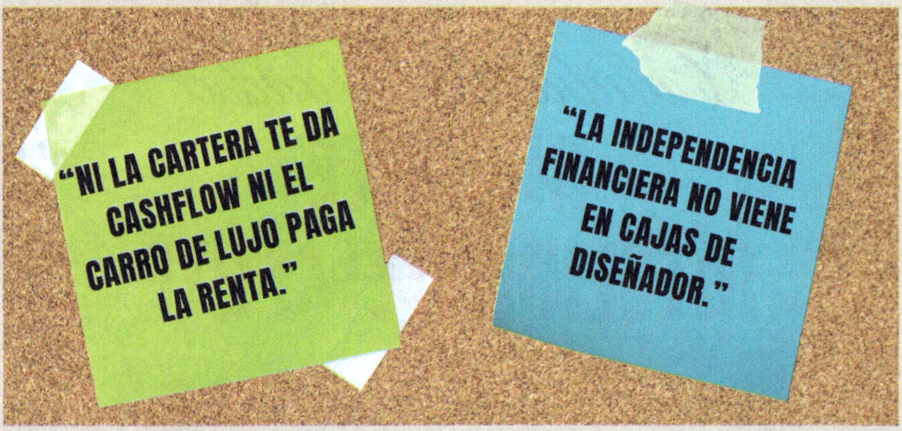

Pero ojo, la planificación y la disciplina lo son todo.

Mira, guarda los chavitos. No compres esa cartera de lujo todavía. No te equivoques: no vas a dormir en tu cartera, ni a vivir en tu auto de lujo. Eso no te dará libertad financiera; solo un gusto momentáneo y dolores de cabeza después.

Sin sacrificio no hay recompensa. Suelta esa tarjeta de crédito, muchacha, hazme caso.

La regla es simple: deja que tus assets paguen tus liabilities.

Primero construye un portafolio que produzca ingresos, y luego date los lujos que quieras. Así funciona el juego. Si malgastas el dinero hoy y no ahorras, tus metas seguirán siendo solo sueños. Pero si trabajas con estrategia, tu dinero empezará a producir más dinero, y podrás vivir la vida que mereces, sin remordimientos.

Durante mis primeros pasos invirtiendo, aprendí que no basta con comprar una propiedad y esperar que genere ingresos. Cada inversión requiere análisis, conocimiento del mercado y, sobre todo, decisiones fundamentadas.

Este capítulo es para compartir las estrategias que me han permitido construir un portafolio sólido y generar ingresos estables, demostrando que la libertad financiera se construye paso a paso, con disciplina y el *mindset* correcto.

TIPS PARA INVERTIR DE FORMA INTELIGENTE

01

ANALIZAR ANTES DE ACTUAR
¿Esta propiedad generará flujo de caja positivo? ¿Qué tan rápido se alquilará? ¿Cuál es el riesgo de vacancia?

02

COMENZAR CON LO QUE TIENES
No necesitas tener grandes cantidades de dinero para comenzar a invertir.

03

DIVERSIFICAR
No pongas todos tus huevos en la misma canasta.

04

APRENDER DE LOS ERRORES
Equivocarse no es retroceder; es acumular experiencia.

05

CONSTRUIR UNA RED DE CONFIANZA
Cuenta con un equipo de confianza — asesores, contadores, contratistas confiables, agentes y mentores.

06

MANTEN LA DISCIPLINA FINANCIERA
Crea hábitos que sostengan tu libertad y tu crecimiento

07

MANTENEN UNA MENTALIDAD DE APRENDIZAJE CONSTANTE
La educación constante no solo minimiza riesgos, sino que ayuda para tomar decisiones inteligentes.

VAMOS A PROFUNDIZAR....

ANALIZAR ANTES DE ACTUAR

Antes de comprar cualquier propiedad, aprende a estudiar el mercado: ubicación, demanda de alquiler, estado de la propiedad y potencial de valorización.

Pregúntate:

- ¿Generará flujo de caja positivo?
- ¿Qué tan rápido se alquilará?
- ¿Cuál es el riesgo de vacancia?

Evalúa las reparaciones, compara con otras propiedades (*Rent Comps*) y mantén un fondo de reserva para gastos imprevistos. La paciencia y el análisis cuidadoso marcan la diferencia entre una inversión que falla y una que se convierte en ingresos constantes.

Si todo esto te suena complejo, busca la ayuda experta de un Corredor de Bienes Raíces para tomar decisiones con seguridad y estrategia.

COMENZAR CON LO QUE TIENES

Uno de los errores más grandes que veo en quienes quieren invertir es esperar al capital “perfecto”. La realidad es que ese momento casi nunca llega.

Ahorra, pero empieza con lo que tienes. Si no cuentas con suficiente capital, oríentate con un banquero que te pueda precalificar antes de buscar propiedades y conocer tus opciones.

Existen alternativas de financiamiento hipotecario que permiten adquirir propiedades de múltiples unidades con una inversión inicial baja

Recuerda: si no das tu primer paso, nunca recorrerás el camino hacia la libertad financiera.

DIVERSIFICA

“No pongas todos tus huevos en la misma canasta” se convirtió en una lección que cambió mi forma de invertir y de vivir. La diversificación no solo equilibró mis riesgos y maximizó oportunidades, sino que también me dio libertad y control sobre mi propio camino.

Comencé con propiedades residenciales para alquiler, pero con cada nueva inversión fui explorando diferentes zonas, tamaños y tipos de propiedades. No era solo dinero lo que estaba moviendo, sino también aprendizaje, experiencia y confianza en mis decisiones. Cada propiedad tenía un propósito: unas me daban estabilidad financiera, otras flujo de efectivo inmediato y algunas valorización a largo plazo.

Con el tiempo entendí que diversificar es mucho más que una estrategia financiera: es una manera de construir seguridad, independencia y tranquilidad. Permite no depender de un solo ingreso y tomar decisiones de vida basadas en tus propios sueños, no en la necesidad de sobrevivir.

APRENDER DE LOS ERRORES

No todas las inversiones serán perfectas, y eso es parte del camino. Algunas propiedades requerirán más mantenimiento del esperado, otros inquilinos presentarán desafíos y algunas decisiones de mercado simplemente no saldrán como planeaste.

Pero lo esencial no es el error en sí, sino lo que aprendes de él. Cada tropiezo se convirtió en una lección valiosa: documentar lo que funcionó y lo que no, ajustar mi estrategia y aplicar ese conocimiento en futuras decisiones. Con cada paso en falso me volví más fuerte, más estratégica y más consciente de lo que realmente funciona.

Aprendí que equivocarse no es retroceder; es acumular experiencia y construir la seguridad y confianza que solo llegan con la práctica. Cada error me acercó un poco más a la libertad financiera que soñaba y me enseñó a invertir con inteligencia y paciencia.

CONSTRUYE TU EQUIPO

El Real Estate no se hace solo, y aprenderlo fue una de las lecciones más valiosas de mi camino. Contar con un equipo de confianza —asesores, contadores, contratistas confiables, agentes de ventas y mentores— no solo te ahorra tiempo y dinero, sino que también te da la seguridad de que cada decisión te acerca a tus metas.

Rodearte de profesionales comprometidos se convierte en un verdadero soporte, especialmente cuando estás empezando y todavía no tienes experiencia en todos los aspectos de la inversión. Pero, más allá de lo técnico, construir relaciones con personas que creen en ti, que te enseñan y te inspiran, te impulsa a crecer como inversionista y como mujer. Te recuerda que no tienes que enfrentar los retos sola.

Con el respaldo adecuado, los desafíos dejan de ser obstáculos y se transforman en oportunidades para aprender, avanzar y fortalecer tu camino hacia la libertad financiera.

MANTENER LA DISCIPLINA FINANCIERA

Uno de los pilares del éxito en las inversiones es la disciplina financiera. No se trata solo de manejar números, sino de crear hábitos que sostengan tu libertad y tu crecimiento: separar tus ingresos, planificar tus gastos, reinvertir ganancias y resistir la tentación de tomar decisiones impulsivas.

La disciplina te da la capacidad de mantener tus inversiones incluso cuando el mercado fluctúa y te permite construir riqueza de manera constante y segura. Con ella, cada paso que das se convierte en un avance hacia tu independencia financiera, y aprendes a poner tu dinero a trabajar para ti, en lugar de trabajar por dinero sin control ni estrategia.

MANTENER UNA MENTALIDAD DE APRENDIZAJE CONSTANTE

El mercado de bienes raíces siempre cambia, y lo que funciona hoy puede necesitar ajustes mañana. Por eso aprendí que mi mejor inversión siempre será en mí misma. Leer, asistir a talleres, escuchar a mentores y analizar tendencias se convirtieron en hábitos que nunca abandono, porque cada conocimiento adquirido me da el poder de decidir con confianza y anticiparme a los cambios.

La educación constante no solo minimiza riesgos, sino que también me empodera para tomar decisiones inteligentes y estratégicas. Me recuerda que la libertad financiera no es cuestión de suerte, sino de preparación y acción consciente. Cuanto más aprendes, más control tienes sobre tu camino, más fuerte te vuelves y más cerca estás de crear la vida que realmente deseas.

Cada una de estas estrategias no es teoría; son principios que he puesto en práctica en mi propio camino.

Gracias a ellos, he logrado generar ingresos pasivos a través de rentas, crecer como corredora de bienes raíces y construir un portafolio que me brinda seguridad, estabilidad y libertad.

Invertir inteligentemente no significa ser perfecta, sino ser consciente, estratégica y constante. Cada paso que das con conocimiento y disciplina te acerca, cada vez más, a la independencia financiera que todas buscamos.

Mini resumen – Capítulo 7

La inversión no es cuestión de suerte; es estrategia, disciplina y educación constante. Comenzar con lo que tienes y dar el primer paso es más importante que esperar el capital perfecto. Analizar el mercado, diversificar y planificar cuidadosamente reduce riesgos y maximiza oportunidades.

Los errores se convierten en lecciones valiosas que fortalecen la experiencia y la confianza. Rodearte de un equipo confiable y mantener un aprendizaje constante potencia tu crecimiento como inversionista. La disciplina financiera y la mentalidad correcta transforman cada acción en un avance hacia la libertad financiera.

Reflexiona: ¿Qué paso pequeño pero estratégico puedes dar hoy para acercarte a tu independencia financiera? Recuerda: la libertad financiera no se logra por suerte, sino por constancia, aprendizaje y decisiones conscientes.

CAPITULO 8

Evelyn Jiménez
REAL ESTATE
Lic C-21290

DE LA INDEPENDENCIA A LA LIBERTAD FINANCIERA

TU RIQUEZA REAL SE MIDE EN DECISIONES TOMADAS DESDE LA PAZ, NO DESDE LA NECESIDAD.

La independencia financiera es un logro poderoso, pero la libertad financiera es algo aún más profundo.

Independencia no es lo mismo que libertad.

Durante mucho tiempo pensé que ya era libre porque era independiente.

Tenía un empleo estable, pagaba mis cuentas y podía sostenerme sola. Esa etapa fue importante. Representó disciplina, responsabilidad y crecimiento personal. Haber alcanzado independencia económica fue una prueba de que podía valerme por mí misma. No dependía de nadie para cubrir mis necesidades básicas, y eso me dio confianza.

Pero con el tiempo empecé a notar algo que no podía ignorar.

Aunque era independiente, mi vida seguía condicionada por el reloj. Mi estabilidad dependía de mi presencia constante. Si trabajaba, cobraba; si no trabajaba, el ingreso se detenía. Mis finanzas estaban sostenidas por esfuerzo continuo, no por estructura. En este negocio no hay días de enfermedad ni vacaciones.

Ahí comprendí la diferencia.

La independencia financiera me permitió sostener mi vida, pero la libertad financiera me dio la capacidad de diseñar la vida que realmente quiero.

Independencia significa poder pagar tus cuentas. Libertad significa poder elegir cómo quieres vivir. Para mí, alcanzar la independencia fue el primer escalón. Pero había un nivel más alto que aún no tocaba: crear sistemas que generaran ingresos aunque yo no estuviera presente.

El cambio empezó cuando dejé de enfocarme únicamente en ingresos y empecé a pensar en activos. Un ingreso es simplemente dinero que entra; un activo es algo que sigue produciendo, incluso cuando no estás trabajando.

Esa diferencia transformó mi manera de ver el negocio. Entré al mundo de bienes raíces buscando estabilidad, porque vivir de quincena en quincena genera ansiedad. Quería seguridad, pero también quería crecer. No quería solo sobrevivir financieramente; quería avanzar y construir algo duradero.

Al principio, cada venta era un alivio momentáneo. Pero comprendí que si no invertía con estrategia, siempre estaría empezando desde cero. Así que tomé una decisión consciente: convertir mis ingresos activos en activos que trabajaran para mí.

Empecé a estudiar los números con mayor detalle. Analizaba los retornos, evaluaba riesgos, proyectaba distintos escenarios. No todas las oportunidades eran buenas, y aprendí algo crucial: la libertad financiera no se trata de hacer muchas transacciones, sino de hacer movidas inteligentes.

Comprendí también el valor de la diversificación. Depender de una sola fuente de ingreso, aunque sea estable, sigue siendo un riesgo. Construir múltiples fuentes de ingresos —activos y pasivos— reduce la vulnerabilidad y abre más posibilidades.

La independencia me había dado confianza; la estrategia empezó a darme estructura.

Con el tiempo, los ingresos por rentas comenzaron a cubrir gran parte de mis gastos fijos. Ese cambio transformó mi mentalidad. Ya no tomaba decisiones desde la urgencia, sino desde la calma y la claridad.

Y ocurrió algo importante: el miedo empezó a disminuir.

El miedo a no poder pagar.
El miedo a quedarme sin ingresos.
El miedo a tomar decisiones grandes y arriesgadas.

La libertad financiera no elimina la responsabilidad, pero sí aligera la presión constante.

Otro cambio importante fue la planificación a largo plazo. Empecé a trabajar con metas claras: metas anuales, metas de inversión, metas de reservas. Ya no se trataba solo de cerrar ventas; se trataba de construir patrimonio.

Patrimonio significa estabilidad sostenida en el tiempo.

Significa pensar a cinco, diez, veinte años vista. Pensar en el futuro de mi hijo cuando yo ya no esté presente.

La independencia muchas veces está enfocada en el presente.

La libertad, en cambio, exige visión de futuro.

Y en ese proceso entendí algo fundamental: la libertad financiera no es solo un estado económico, es un estado mental. Cuando dependes únicamente de tu tiempo para generar ingresos, tu margen de maniobra es limitado. Cuando tienes activos que producen, tu margen se expande.

Esa expansión se traduce en decisiones más conscientes, más estratégicas y con mayor propósito.

Poder rechazar proyectos que no están alineados con tu visión.
Poder elegir clientes con los que realmente deseas trabajar.
Poder dedicar tiempo a tu familia sin sentir culpa financiera.

La libertad es la capacidad de actuar desde elección, no desde obligación.

Y para mí, este proceso nunca estuvo separado de mi fe. Confiar en Dios me ayudó a mantener perspectiva. Hubo momentos de incertidumbre, inversiones con riesgo y decisiones que requerían valentía. Pero entendí algo clave: la fe no sustituye la estrategia; la fortalece.

Disciplina sin visión puede agotarte.
Visión sin disciplina no produce resultados.
Fe sin acción no transforma realidades.

La combinación de las tres fue lo que me permitió avanzar.

Al mirar atrás, puedo identificar claramente las etapas de mi camino:
Primero, trabajé mi independencia.
Luego, me eduqué y adquirí conocimiento.
Después, desarrollé activos.
Finalmente, construí libertad.

Y esa libertad no significa perfección. Significa estructura y resiliencia financiera. Es tener margen para adaptarme ante cambios del mercado, ante imprevistos y ante nuevas oportunidades.

Hoy puedo decir que la libertad financiera me permite pensar más allá de mí misma. Me permite pensar en legado, en impacto, en cómo ayudar a otras mujeres a comprender que no tienen que conformarse con estabilidad cuando pueden aspirar a una estructura financiera sólida.

Porque la independencia es un gran comienzo, pero no es el destino final.

El verdadero objetivo es construir una vida donde tus decisiones no estén limitadas por la presión económica constante. Una vida donde trabajes por propósito, no solo por necesidad.

Y aquí es donde quiero que te detengas un momento.

Si yo pude hacer esta transición, empezando con metas simples y recursos limitados, entonces la pregunta no es si es posible... la pregunta es: ¿cuándo decides comenzar?

La independencia fue mi punto de partida.
La libertad se convirtió en mi decisión.

Y esa decisión está disponible para cualquiera que esté dispuesta a aprender, planificar y actuar con visión.

Porque mi historia no es única.

Y si las decisiones construyen historias... entonces la próxima historia que puede transformarse puede ser la tuya.

Mini resumen – Capítulo 8

La independencia financiera es la capacidad de sostener tu vida; la libertad financiera es la capacidad de diseñar la vida que deseas.

Construir activos que generen ingresos permite reducir la presión económica y tomar decisiones desde la elección, no desde la necesidad.

La estrategia, la disciplina y la diversificación son claves para transformar ingresos activos en una estructura financiera sólida.

La libertad financiera no es solo un resultado económico; también es una transformación mental que permite pensar en el largo plazo, en estabilidad y en legado.

La combinación de fe, visión y acción consciente es lo que permite avanzar hacia una vida con mayor propósito y oportunidades.

Reflexiona:
¿Estás trabajando solo por ingresos inmediatos o estás construyendo activos que te acerquen a la libertad financiera?

Recuerda: la meta no es solo ganar dinero, es vivir con libertad.

CAPITULO 9

TU HISTORIA PUEDE SER LA PRÓXIMA

Josué 1:9
"Mira que te mando que te esfuerces y seas valiente; no temas ni desmayes, porque Jehová tu Dios estará contigo dondequiera que vayas".

Si llegaste hasta aquí, es porque algo dentro de ti reconoce que la independencia no es suficiente.

Tal vez hoy tienes estabilidad, tal vez cumples con tus responsabilidades y mantienes tus finanzas en orden. Pero en algún momento te has preguntado si existe una forma más estratégica de construir tu futuro.

Esa pregunta es el comienzo.

Nadie inicia su camino hacia la libertad financiera con todas las respuestas. Todo empieza con una decisión: dejar de operar solo para sostener el presente y comenzar a construir el futuro.

La libertad financiera no es un evento repentino. Es el resultado de decisiones consistentes: educarte, reinvertir, diversificar, planificar y mantener disciplina, incluso cuando los resultados no son inmediatos.

Y aquí quiero que cambies la perspectiva: no leas mi historia como algo lejano o inalcanzable. Léela como evidencia de lo que ocurre cuando decides asumir la responsabilidad total de tu crecimiento financiero.

Tu punto de partida puede ser diferente al mío. Tus recursos actuales pueden ser o no limitados, pero los principios son universales:

- Aprender antes de invertir.
- Invertir con estrategia.
- Reinvertir con visión.
- Proteger lo que construyes.

La diferencia entre quien permanece en independencia y quien alcanza libertad no está en la suerte; está en la consistencia.

Tal vez hoy estés en la etapa en la que yo estuve: trabajando fuerte, cumpliendo metas, sosteniendo tu hogar. Esa etapa no es un fracaso, es la base. Pero no tiene que ser el destino final.

La verdadera transformación comienza cuando decides que tu historia financiera no será accidental, sino intencional.

Y si estás dispuesta a asumir ese compromiso, entonces sí:

tu historia puede ser la próxima.

Este mensaje va más allá de una experiencia individual; es un llamado claro a dar el primer paso. Las circunstancias iniciales no determinan el destino.

Con enfoque, preparación y valentía, cualquier persona puede construir su propio camino hacia el emprendimiento y la libertad financiera.

El mundo del Real Estate está lleno de oportunidades, y lo único que necesitas es decisión, coraje y la convicción de que tu vida puede cambiar si tomas acción. Hoy puede ser el primer día de tu historia, y depende de ti cómo quieres que se escriba.

Cada mujer tiene una historia única, un punto de partida distinto y sueños que a veces parecen imposibles.

No importan tus recursos, tus dudas o tus miedos. Lo que importa es dar el primer paso, aprender de cada experiencia y creer en tu propio potencial. Cada acción consciente, por pequeña que parezca, es un movimiento hacia la libertad que mereces.

Lo que sueñas puede hacerse realidad cuando decides actuar, confías en ti misma y asumes la responsabilidad de tu propio futuro. Asume cada reto como una oportunidad de crecimiento. Cada "no" fortalece tu determinación, y cada obstáculo revela tu capacidad de superación.

Las herramientas están a tu alcance: conocimiento, estrategia y disciplina. Utilízalas con enfoque y seguridad para construir el camino que deseas.

Ser mujer no es una limitación; es tu ventaja.

Tenemos la capacidad de liderar, construir, enseñar, inspirar y transformar vidas, empezando por la nuestra. Podemos equilibrar múltiples roles y aun así alcanzar nuestras metas más ambiciosas. Nuestra intuición, creatividad y determinación nos permiten convertir los desafíos en oportunidades y los sueños en realidad.

No necesitas esperar a que alguien más abra la puerta por ti. Tú puedes construir tu camino, crear oportunidades y dejar un legado duradero.

Cada decisión que tomes hoy puede ser el inicio de un mañana extraordinario. Cada paso valiente, cada inversión en ti misma y cada acción consciente te acerca un poco más a la vida que mereces.

Hoy es tu momento. Hoy es el día para creer en ti, actuar y comenzar a escribir la historia que siempre soñaste. Hoy decides que tu vida no estará marcada por miedos ni limitaciones, sino por tu fuerza, pasión y determinación. Hoy decides que el mundo conocerá tu historia de éxito, y que ninguna circunstancia definirá tu destino.

Mini resumen – Capítulo 9

- Tu historia de éxito puede comenzar hoy, sin importar tu punto de partida.
- Dar el primer paso, aprender de la experiencia y confiar en tu potencial son esenciales.
- Cada reto, cada "no" y cada obstáculo se convierte en una oportunidad para crecer y fortalecerte.
- Ser mujer es una ventaja: creatividad, intuición y resiliencia te permiten convertir desafíos en oportunidades.
- El conocimiento, la estrategia, la disciplina y la acción consciente son tus herramientas para construir libertad financiera.
- Tu independencia te da la base; tus decisiones valientes y acciones consistentes te llevan a la libertad.

Reflexiona:

- ¿Qué primer paso puedes dar hoy para comenzar a escribir tu historia de éxito?
- Recuerda: no esperes a que alguien más abra la puerta; tu futuro está en tus manos, y cada acción consciente te acerca a la vida que mereces.

TU *Historia* APENAS COMIENZA EL *Futuro* TE ESPERA Y ESTÁ *Listo.* PARA *Recibir* A LA *Mujer* VALIENTE QUE ERES!

CAPITULO 10

EL COMIENZO DE TU HISTORIA

2 Timoteo 1:7
Porque no nos ha dado Dios espíritu de cobardía, sino de poder, de amor y de dominio propio.

Tus primeros pasos para comenzar hoy en Real Estate

Muchas personas creen que para invertir en bienes raíces se necesita una gran cantidad de dinero. En realidad, lo primero que se necesita es preparación. Antes de comprar una propiedad, debes fortalecer tu base financiera.

Comienza por:

- Organizar tus ingresos y gastos personales
- Crear un fondo de reserva que cubra entre 3 y 6 meses de gastos
- Mejorar tu crédito, ya que será determinante para financiamiento hipotecario
- Reducir deudas que afecten tu capacidad de endeudamiento

En bienes raíces, tu perfil financiero es tu carta de presentación.

El siguiente paso es estudiar el mercado. No se invierte por emoción; se invierte por análisis.

Aprende a evaluar:

- Ubicación
- Demanda de alquiler
- Valor de mercado
- Potencial de apreciación
- Flujo de efectivo proyectado

Un inversionista informado no depende de la suerte; depende de números.

Finalmente, define tu estrategia:

- ¿Quieres generar ingresos pasivos con rentas a largo plazo?
- ¿Prefieres comprar, remodelar y vender?
- ¿O combinar ingresos activos por ventas con inversiones propias?

Sin estrategia, no hay dirección.

Evalúa tu capacidad para invertir:

Antes de adquirir tu primera propiedad, responde con honestidad:

- ¿Tienes el crédito necesario para cualificar para financiamiento?
- ¿Cuentas con fondos para pronto pago y gastos de cierre?
- ¿Has calculado cuánto generaría la propiedad en renta mensual?
- ¿El ingreso proyectado cubriría hipoteca, mantenimiento, seguros y reservas?
- ¿Tienes un plan si la propiedad queda vacante por algunos meses?

Ahora reflexiona:

- ¿Estás buscando comprar por impulso o por estrategia?
- ¿Esa propiedad será un gasto o un activo productivo?

Escribe una meta concreta:

"Quiero adquirir mi primera propiedad de inversión en los próximos _____ meses y generar $_____ mensuales en ingreso pasivo."

Cuando estableces una meta específica, comienzas a moverte con intención.

Plan de acción en 5 etapas para construir libertad en Real Estate

Etapa 1: Preparación financiera
Organiza tu crédito, reduce deudas y crea reservas. Sin base sólida, cualquier inversión será frágil.

Etapa 2: Educación inmobiliaria
Aprende a analizar comparables, entender tasas de interés, evaluar retorno sobre inversión y calcular flujo de efectivo real.

Etapa 3: Primera propiedad estratégica
Busca viabilidad, no perfección. Una propiedad rentable y sostenible es mejor que una propiedad atractiva sin números sólidos.

Etapa 4: Reinversión inteligente
Utiliza la plusvalía, refinanciamientos o ganancias para adquirir nuevos activos. Aquí comienza el efecto multiplicador.

Etapa 5: Construcción de portafolio
Diversifica ubicaciones, tipos de propiedad y estrategias. En esta etapa, los activos comienzan a generar estabilidad estructural.

El mercado inmobiliario no es solo una herramienta para generar ingresos; es una herramienta para construir libertad.

Cada propiedad bien adquirida es un paso hacia mayor estabilidad.
Cada decisión estratégica reduce dependencia.
Cada reinversión fortalece tu estructura.

Y lo más importante: este camino no está reservado para expertos con capital ilimitado. Está disponible para quienes deciden prepararse, aprender y actuar con visión.

La pregunta no es si el mercado inmobiliario puede transformar una vida. La evidencia demuestra que sí.
La pregunta es si estás dispuesta a convertir el conocimiento en acción.

Porque cuando lo haces, tu historia deja de ser expectativa... y comienza a convertirse en resultado.
Y ese resultado puede ser el inicio de algo mucho más grande.

Tu historia puede ser la próxima...

Mini resumen – Capítulo 10

- Entiende que el final de este libro no es un punto final, sino el inicio de una nueva etapa en tu vida.
- Reconoce que la libertad financiera se construye con decisiones estratégicas, disciplina y confianza en ti misma.
- Transforma el miedo en crecimiento, estabilidad y propósito a través de la acción constante.
- Comprende que la verdadera libertad no es solo dinero, sino control sobre tu tiempo, tus decisiones y tu futuro.
- Sabes que cada paso consciente que das es un ladrillo hacia n futuro sólido y libre.
- Hoy te comprometes a creer en ti, a comenzar sin excusas y convertir tu historia en una historia de éxito.

Reflexiona:

- ¿Qué primer paso darás hoy para comenzar a escribir tu historia de éxito?
- Recuerda: tu futuro depende de tus decisiones, y cada acción consciente te acerca a la vida que mereces.

El viaje que estás a punto de emprender es tuyo. Es tu momento. Tu historia comienza hoy.

EJERCICIOS PRÁCTICOS:
TU PLAN DE ACCIÓN EN BIENES RAÍCES

Objetivo: Que puedas identificar tu punto de partida, definir metas claras y crear un plan concreto para comenzar a invertir y construir tu independencia financiera.

1. Define tu punto de partida:

- Escribe tu situación actual: ingresos, ahorros, deudas y gastos principales.

- Reflexiona: ¿Qué te motiva a invertir en bienes raíces? ¿Cuál es tu 'por qué' más profundo?

- Identifica tus recursos disponibles: tiempo, conocimientos, contactos y capital inicial.

Enjoy the process

2. Establece tus metas:

Ejemplo: 'En 12 meses quiero adquirir mi primera propiedad para alquiler que genere flujo de caja positivo de $400 mensuales.'

- Meta financiera a corto plazo (6-12 meses).
- Meta financiera a mediano plazo (1-3 años).
- Meta financiera a largo plazo (5-10 años).

3. Analiza oportunidades:

- Haz una lista de tipos de propiedades que te interesan (residencial, multifamiliar, comercial).

- Evalúa ubicación, demanda de alquiler, flujo de caja y valorización potencial.

- Pregunta clave: ¿Esta propiedad me acerca a mis metas financieras?

- Ejercicio práctico: Selecciona 3 propiedades que cumplan tus criterios y anota ubicación, precio, posible ingreso de alquiler, gastos estimados, riesgos y oportunidades.

4. Planifica tu estrategia de inversión:

Ejercicio: Crea un mapa visual o lista de acción: 'Mi primer paso será... mi segunda acción será... mi tercer paso será...'.

- Decide cuánto capital inicial puedes invertir.
- Determina tu flujo de ingresos esperado.
- Define si vas a empezar con propiedades pequeñas o diversificar desde el inicio.
- Considera tu red de apoyo: mentores, asesores, agentes, contadores.

----

5. Establece hábitos de disciplina financiera:

Ejercicio práctico: Lleva un registro de tus finanzas por 30 días.

- Separa tus ingresos y ahorros para inversión.
- Planifica tus gastos mensuales.
- Reinvierte ganancias.
- Documenta cada inversión y cada aprendizaje.

5. Establece hábitos de disciplina financiera:

Ejercicio práctico: Lleva un registro de tus finanzas por 30 días.

- Separa tus ingresos y ahorros para inversión.
- Planifica tus gastos mensuales.
- Reinvierte ganancias.
- Documenta cada inversión y cada aprendizaje.

6. Educación y mentoría:

Ejercicio: Haz un plan de formación de 3 meses.

- Identifica áreas donde necesitas aprender más (finanzas, mercado, negociación).

- Busca mentores o expertos que te guíen.

- Agenda tiempo semanal para lectura, talleres o cursos.

----

7. Evalúa y ajusta tu plan:

Ejercicio: Reflexiona sobre qué funcionó, qué no, qué puedes mejorar y tu próximo paso.

- Cada 3-6 meses revisa tus resultados.
- Ajusta metas, estrategias y hábitos según tus aprendizajes.
- Celebra cada avance, por pequeño que sea.

CHECKLIST

Mes .... Semana ....

Fecha	Ingresos	Gasto	Ahorro para inversión	Observación

YOUR NOTES:

Enjoy the process

YOUR NOTES:

Enjoy the process

Cositas para RECORDAR....

1	**Cree en ti** *Tu potencial es ilimitado*
2	**Actúa con determinación.** *No esperes el momento perfecto; crea tus oportunidades.*
3	**Protege tu independencia y seguridad económica** *Tu destino está en tus manos.*
4	**Inspira y empodera a otras mujeres.** *El éxito compartido se multiplica.*

EPILOGO...

Hoy Comienza tu historia!

Este libro es más que una historia personal; es una guía y un recordatorio de que no existen límites para una mujer decidida. De empleada a empresaria, de miedo a libertad: si has llegado hasta aquí, es porque dentro de ti también hay un deseo de algo más grande.

Te invito a comenzar hoy. Toma control de tu vida y confía en tu capacidad de transformar tu futuro. Mi camino en Real Estate comenzó con dudas y recursos limitados, y se convirtió en un trayecto de crecimiento, propósito y libertad financiera. Este no es solo el final de mi historia; es el inicio de la tuya.

La independencia financiera te da base; la libertad financiera te da opciones. La primera te permite sostener tu vida, la segunda te permite diseñarla. No se trata solo de dinero: se trata de tener control sobre tu tiempo, tus decisiones y tu rumbo. Vivir con intención, priorizar lo que amas y construir activos que trabajen para ti es la verdadera libertad.

Cada decisión que tomes hoy construye el futuro que deseas. No importa tu punto de partida; tu determinación y acción pesan más que cualquier limitación.

La educación, la estrategia y la disciplina son tus mejores aliados. Analiza oportunidades, aprende del mercado, reinvierte con visión y construye sistemas que generen ingresos más allá de tu esfuerzo diario.

No estamos solas en este camino. Como mujeres, podemos inspirarnos y apoyarnos mutuamente. Cada vez que una de nosotras crece, abre un espacio para que otras puedan seguir adelante y creer que sí se puede. Ser mujer en Real Estate, en los negocios o en la vida no es solo una ventaja; es una responsabilidad: abrir caminos y empoderar a otras.

Hoy te dejo una invitación clara: atrévete a creer en ti misma, invierte en tu conocimiento, actúa con estrategia y construye la vida que mereces. No esperes a que las condiciones sean perfectas; comienza con lo que tienes, aprende en el camino y ajusta tu estrategia conforme avanzas.

Tu historia puede ser la próxima. Tú puedes ser la mujer que rompe barreras, inspira a otras y alcanza la libertad financiera con valentía y visión. Cada paso que das hoy deja una base firme para tu futuro y para el de quienes amas.

Recuerda: **La libertad financiera te espera; sigue tu ruta y haz que tu historia sea la próxima.**

SOBRE LA AUTORA

Evelyn Jiménez es empresaria, inversionista y corredora de bienes raíces reconocida por su liderazgo, visión estratégica y resultados en la industria del Real Estate. Su historia no comenzó con ventajas extraordinarias, sino con determinación, disciplina y la decisión firme de transformar su realidad.

A lo largo de su trayectoria ha cerrado cientos de transacciones, consolidándose como una profesional de alto rendimiento y ganando reconocimientos por su productividad, excelencia y compromiso con cada cliente. Cada cierre representa más que una propiedad vendida: simboliza confianza, estrategia y la capacidad de convertir oportunidades en resultados concretos.

Su crecimiento profesional no ha sido casualidad. Ha construido una carrera sólida basada en educación financiera, preparación constante y acción estratégica. Lo que comenzó con recursos limitados se ha convertido en una plataforma de crecimiento, estabilidad y oportunidades dentro del mundo de las inversiones inmobiliarias.

Más allá de los resultados, Evelyn está comprometida con inspirar y orientar a otras mujeres para que descubran su potencial y tomen control de su futuro económico. A través de su experiencia, comparte conocimiento y demuestra que el éxito no depende de dónde comienzas, sino de la decisión de aprender, actuar y avanzar con determinación.

Made in the USA
Coppell, TX
07 June 2026

79172666R00075